Vente du Mercredi 14 Novembre 1906

RUE DES BONS-ENFANTS, SALLE N° 9

M° MAURICE DELESTRE, Commissaire-priseur

CATALOGUE

DE

LIVRES MODERNES

PROVENANT DE LA BIBLIOTHÈQUE

DE

M. ARNAUD DÉTROYAT

DEUXIÈME PARTIE

PARIS

LIBRAIRIE HENRI LECLERC

219, RUE SAINT-HONORÉ, 219

1906

CATALOGUE

DE

LIVRES MODERNES

LA VENTE AURA LIEU

LE MERCREDI 14 NOVEMBRE 1906

A 8 heures précises du soir

28, RUE DES BONS-ENFANTS

Salle N° 1

Par le Ministère de **M° MAURICE DELESTRE**, commissaire-priseur

5, rue saint-georges, 5

Assisté de **M. HENRI LECLERC**, libraire

219, rue saint-honoré, 219

et 16, rue d'alger

EXPOSITION DE 2 HEURES A 4 HEURES

CONDITIONS DE LA VENTE

La vente se fait au comptant.

Les acquéreurs paieront 10 pour 100 en sus des enchères.

Les livres vendus devront être collationnés dans les vingt-quatre heures de l'adjudication. Passé ce délai, ils ne seront repris pour aucune cause.

M. Leclerc se réserve la faculté, dans l'intérêt de la vente, de réunir ou de diviser les numéros du catalogue. Il remplira les commissions qu'on voudra bien lui confier.

CATALOGUE

DE

LIVRES MODERNES

PROVENANT DE LA BIBLIOTHÈQUE

DE

M. ARNAUD DÉTROYAT

DEUXIÈME PARTIE

PARIS

LIBRAIRIE HENRI LECLERC

219, RUE SAINT-HONORÉ, 219

ET 16, RUE D'ALGER

1906

CATALOGUE

DE

LIVRES MODERNES

BEAUX-ARTS

ET

LIVRES ILLUSTRÉS

458. ALBERTI (Léon-Battista). De la statue et de la peinture. Traités de L.-B. Alberti, noble florentin, traduits du latin en français par Claudius Popelin. *A. Lévy*, 1869, in-8. — RUDE. Sa vie, ses œuvres, son enseignement. Considérations sur la sculpture. *Dentu*, 1856, in-12, port. — Ens. 2 vol., br.

459. ALMANACH de la Société des Aqua-fortistes, 1865. — Société des aquafortistes français, années 1886, 1887. — Ens. 7 vol. gr. in-8, eaux-fortes, cart. et br.

460. ALMANACH DU BIBLIOPHILE. *Paris, Ed. Pelletan*, années 1898, 1899, 1900, 1901, 1902, 5 vol. pet. in-8, figures, brochés (*Couvert.*).

461. ALMANACH FANTAISISTE pour 1882 publié par la Société des éclectiques. *Paris, A. Lemerre, s. d.* — Almanach du vieux Paris pour 1884. — Ens. 2 vol. pet. in-8, figures sur papier de Chine, brochés.

462. APULÉE. L'Ane d'or, ou la métamorphose. Traduction de Savalète. Préface de J. Andrieux. Avec nombreuses gravures, dessinées par A. Racinet et P. Bénard. *Paris, Firmin-Didot*, 1872, in-8, figures, broché.

> Exemplaire de PREMIER TIRAGE portant les dates de 1869 et 1872 sur la couverture et le titre.

463. AUGIER (Emile). La Ciguë, comédie en vers. Compositions de Guillaume Dubufe. Eaux-fortes de A. Morse. *Paris, Calmann Lévy,* 1893, in-8, figures, broché (*Couvert.*).

Un des 250 exemplaires imprimés sur PAPIER VÉLIN.

464. AVENTURES romanesques d'un comte d'Artois, d'après un ancien manuscrit, orné de dessins, de la Bibliothèque nationale, par M^mo Alice Hurtrel. *Hurtrel,* 1883, figures. — Madame Roland, sa détention à l'Abbaye et à Sainte-Pélagie, 1793, racontée par elle-même dans ses mémoires. *Id.,* 1886, figures. — Ens. 2 vol. in-16 brochés, dans des cartons.

465. BEAUX-ARTS en Italie. 8 vol. in-12, br. et cart.

BLANC (Ch.). De Paris à Venise, notes au crayon. *Hachette,* 1857. — COINDRET (J.). Histoire de la peinture en Italie. *Cherbuliez,* 1849. — COQUARD (A.). Les Beaux-Arts en Italie au point de vue religieux. *Id.,* 1857, 2 vol. — DUMESNIL (A.). L'Art italien. *Tardieu,* 1854. — GAUTIER (Ch.). Italia. *Hachette,* 1855. — STERN (D.). Florence et Turin. Études d'art et de politique. *Michel Lévy,* 1862. — VIARDOT (L.). Les musées d'Italie. Avec un chapitre inédit sur la galerie royale de Turin. *Maison,* 1855, cart.

466. BERALDI (Henri). Les Graveurs du xixe siècle. Guide de l'amateur d'estampes modernes. *Paris, L. Conquet,* 1885-1892, 12 vol. in-8, brochés.

35 figures par *Boudet, Bracquemond, Adeline, Giacomelli, F. Buhot, Courtry, Guérard, Delâtre, Tissandier, Toussaint, Foulquier, Draner, Chauvel, Fraipont, Delauney, Robida, Piguet,* etc.

467. BERNETTE (A. de). Velasquez. Préface de M. Léon Bonnet. Illustrations par M. Braun, Clément et Cie. *Paris, Renouard,* 1898, in-4, broché.

468. BLANC (Charles). L'Œuvre de Rembrandt reproduit par la photographie, décrit et commenté par M. Charles Blanc. *Paris, Gide,* 1853-58, in-fol., et album grand in-fol. de 12 planches, dos et coins mar. brun, tête dor., non rog.

469. BLANC (Charles). L'Œuvre complet de Rembrandt, décrit et commenté par M. Charles Blanc. Orné de bois gravés et de 40 eaux-fortes tirées à part et rapportées dans le texte. *Paris, Gide,* 1859, 2 vol. gr. in-8, dos et coins mar. rouge, tête dor., non rog.

470. BLANC (Charles). Ingres, sa vie et ses ouvrages. Avec un portrait du maître, gravé par Flameng, et douze gravures sur acier par MM. Henriquel-Dupont, Dubouchet, Flameng, etc. *Paris, Vve Renouard,* 1870, port., broché.

Exemplaire imprimé sur PAPIER DE HOLLANDE ; figures sur CHINE.

471. BONNAFFÉ (Edmond). Les Collectionneurs de l'ancienne

Rome. Notes d'un amateur. *Paris, Aug. Aubry,* 1867, pet. in-8, broché.

Un des 25 exemplaires imprimés sur PAPIER DE COULEUR.

472. BOUCHOT (H.). Le Cabinet des Estampes de la Bibliothèque Nationale. Catalogue général et raisonné des collections qui y sont conservées. *Paris, Dentu, s. d.,* in-8, br.

473. CATALOGUE raisonné de toutes les estampes qui forment l'œuvre de Rembrandt et des principales pièces de ses élèves, composé par les sieurs Gersaint, Helle, Glomy et P. Yver. Nouvelle édition, considérablement augmentée, par M. le chev. de Claussin. *Paris, Firmin-Didot,* 1824, in-8, demi-rel. cuir de Russie, non rog.

474. CHAMPFLEURY. Les frères Le Nain. *Renouard,* 1863. — Documents positifs sur la vie des frères Le Nain. *Dentu,* 1865. Ens. 2 vol. in-8, br.

475. CHARLET. Sa vie, ses lettres, suivi d'une description raisonnée de son œuvre lithographique par M. de La Combe. *Paris, Paulin et Le Chevalier,* 1866, port., in-8, br.

476. CHEFS-D'ŒUVRE DE L'ART ANTIQUE. Architecture. Peinture. Statues. Bas-reliefs. Bronzes. Mosaïques. Vases. Médailles. Camées. Bijoux. Meubles. Etc. — Première série. Monuments de la vie des anciens. Texte par M. Robiou, 3 vol. — Deuxième série. Monuments de la peinture et de la sculpture. Texte par M. F. Lenormant, 4 vol. *Paris, A. Lévy,* 1867, 7 vol. in-4, texte et planches, demi-rel. mar. brun, non rog.

Les planches 26, 27, 28, 29, 30 du tome IV de la deuxième série manquent.

477. CLARAC (Comte de). Sur la statue antique de Vénus Victrix découverte dans l'île de Milo en 1820. *P. Didot,* 1821, gr. in-4, pl. — La Vénus de Milo. Recherches sur l'histoire de la découverte, par Jean Aicard. *Sandoz et Fischbacher,* 1874, in-12. — Ens. 2 vol. br.

478. COLLECTION HAYASHI. Dessins, estampes, livres illustrés du Japon, réunis par T. Hayashi. *Paris, Bing,* 1902, gr. in-8, broché.

Nombreuses illustrations.

479. COLLECTION DE M. JOHN W. WILSON exposée dans la galerie du Cercle artistique et littéraire de Bruxelles, au profit des pauvres de cette ville. *Paris, J. Claye,* 1873, in-4, broché.

Un des 40 exemplaires imprimés sur PAPIER WHATMAN. Avec les 13 eaux-fortes supplémentaires, AVANT toute lettre.

480. COSTUMES MILITAIRES. Catalogue des principales suites de costumes militaires français parues tant en France qu'à l'étranger depuis le règne de Louis XV jusqu'à nos jours et des suites de

costumes militaires étrangers parues en France par un membre de
la Sabretache. *Paris, H. Vivien,* 1900, gr. in-8, figures en couleurs, broché (*Couvert. illustr.*).

481. DAVILLIER (Baron Ch.). Le Cabinet du duc d'Aumont et les
amateurs de son temps. Catalogue de sa vente avec les prix, les
noms des acquéreurs et 82 planches d'après Gouthière. *Paris,
Aubry,* 1870, in-8, pap. de Holl., br.

482. DELACROIX (Eugène). Fac-similé de dessins et croquis originaux, par Alfred Robaut. *Paris, Dusacq,* 1864-1865, 56 planches
en 2 albums in-fol., cart.

483. DIDEROT. Essais sur la peinture. *Paris, Buisson,* an III, in-8,
mar. rouge, dent., doublé de moire bleue, tr. dor. (*Rel. anc.*).

484. DU CERCEAU. Les plus excellents bastiments de France, par
J.-A. du Cerceau... Gravés en fac-similé par M. Faure Dujarric.
Nouvelle édition, augmentée de planches inédites de Du Cerceau.
Paris, A. Lévy, 1868-1870, 2 vol. in-fol., planches, demi-rel. mar.
vert, dos orné, non rog.

485. EPHRUSSI (Charles). Paul Baudry, sa vie et son œuvre. *Paris,
L. Baschet,* 1887, gr. in-8, fig., broché.

> Couverture défraîchie.

486. EXPOSITIONS. Lettres à David sur le salon de 1819 par
quelques élèves de son école. *Paris, Pillet,* 1819, in-12, figures,
veau rac. — Catalogue des dessins, aquarelles et estampes de
Gustave Doré exposés dans les salons du Cercle de la Librairie
(mars 1885). *Paris,* 1885, in-12, port. — Société d'aquarellistes
français. 1re et 2e expositions, 1879, 1880. *Jouaust,* 2 vol. gr. in-8.
— Catalogue illustré de la vente des aquarelles et dessins de Maurice Leloir ayant servi à Manon Lescaut. *Boudet,* 1890, gr. in-8.
— Ens. 5 vol.

487. FIGARO-SALON. Par Albert Wolff et Charles Yriarte. Années
1885-1888, 1891, 1892, 1893, 7 salons en livraisons in-fol. dans
des cartons.

488. FOURNEL (Victor). Les Artistes français contemporains.
Peintres. Sculpteurs. Illustré de 10 eaux-fortes et de 176 gravures
dans le texte. *Tours, A. Mame,* 1884, gr. in-8, demi-rel. chag.
rouge, tr. dor.

> On y a joint : Montrosier. Les Artistes modernes, peintres de genre.
> Tome premier. *Launette, s. d.;* gr. in-8, photogravures, br.

489. FROEHNER (W.). Les Musées de France. Recueil de monuments antiques. *Paris, J. Rothschild,* 1873, in-fol., texte et planches, demi-rel. chag. gren., non rog.

> 40 planches lithographiées en noir et en couleurs.

490. GAUTIER (Hippolyte). L'An 1789. Événements, Mœurs, Idées, Œuvres et caractères. Avec 650 reproductions, par la photogravure sur cuivre, de vignettes, d'estampes et de tableaux de l'époque. *Paris, Ch. Delagrave, s. d.*, in-4, dos et coins chag. rouge, fil. dor., dos orné, tête dor., non rog.

491. GIACOMELLI (H.). Raffet, son œuvre lithographique et ses eaux-fortes, suivi de la bibliographie complète des ouvrages illustrés de vignettes d'après ses dessins, par H. Giacomelli. Orné d'eaux-fortes inédites par Raffet et de son portrait par Bracquemond. *Paris, Gazette des Beaux-Arts*, 1862, gr. in-8, figures, broché. — Raffet, sa vie et ses œuvres, par Auguste Bry. 2 portraits de Raffet lithographiés, 42 eaux-fortes inédites et 4 fac-similés. *Paris, E. Dentu*, 1861, planches, in-8, broché.

492. GILL (André). Vingt portraits contemporains par André Gill. Notice par Jean Richepin. *Paris, Magnier*, 1886, in-4, portraits en couleurs, en feuilles, dans un carton.

493. GIRODET. Œuvres posthumes de Girodet-Trioson, peintre d'histoire, suivies de sa correspondance ; précédées d'une notice historique et mises en ordre par P.-A. Cousin. *Paris, J. Renouard*, 1829, 2 vol. in-8, cart., non rog.

> Portrait de Girodet et 5 planches par Girodet.
> PAPIER VÉLIN.

494. GOLOVINE (Ivan). Manuel du marchand de tableaux. *Dentu*, 1862, in-12. — Annuaire des artistes et des amateurs, publié par M. Paul Lacroix. *Renouard*, 1860, in-8. — Ens. 2 vol. br.

495. GONCOURT (Edmond et Jules de). L'Art du dix-huitième siècle. *Paris, Rapilly*, 1873-74, 2 vol. in-8, brochés (*Couvert.*).

496. GOYA. Etude sur Francisco Goya, sa vie et ses travaux. Notice biographique et artistique, accompagnée de photographies d'après les compositions de ce maître, par M. G. Brunet. *Aubry*, 1865. — Goya, par Ch. Yriarte. Sa biographie, les fresques, les toiles, les tapisseries, les eaux-fortes et le catalogue de l'œuvre, avec 50 planches inédites, d'après les copies de Tabar, Bocourt et Ch. Yriarte. *H. Plon*, 1867. — Goya, par Laurent Matheron, *Schulz*, 1858, in-12. — Ens. 3 vol. in-12 et in-4, brochés.

497. GRAND-CARTERET (J.). Les Mœurs et la Caricature en France. 8 planches en couleur, 36 planches hors texte, 500 illustrations dans le texte. *Librairie illustrée*, 1888. — Les Maîtres de la caricature française au XIXe siècle. 115 fac-similés de grandes caricatures en noir. 5 fac-similés de lithographies en couleurs. Notice de M. A. Dayot. *Quantin, s. d.* — Ens. 2 vol. gr. in 8, br.

498. GRAVURE. L'œuvre gravé de Rembrandt. Etude monographique par Fr.-S. Haden. *Gazette des Beaux-Arts*, 1880, gr. in-8. — Biographie et catalogue de l'œuvre du graveur Miger. Son portrait avec fac-similé de son écriture par E. Bellier de la Chavignerie. *Dumoulin*, 1856, in-8. — Notice sur les estampes gravées par Marc-Antoine Raimondi d'après les dessins de Jules Romain... par G. de Murr. *Bruxelles, Mertens*, 1865, in-12. — Traité de la gravure à l'eau-forte. Texte et planches par Maxime Lalanne. *Cadart et Luquet*, 1866, in-8. — Ens. 4 vol., br.

499. HALÉVY (Ludovic). Notes et souvenirs de mai à décembre 1871. *Paris, Boussod et Valadon*, 1888, in-4, héliog. et eaux-fortes, broché.

   Edition imprimée sur PAPIER DU JAPON, à 200 exemplaires.

500 HALÉVY (Ludovic). Récits de guerre. L'Invasion, 1870-1871. Dessins par L. Marchetti et Alfred Paris. *Boussod, Valadon, s. d.*, in-4, figures en noir et couleurs, broché.

501. HALÉVY (Ludovic). Le 4 septembre 1870. Séances du corps législatif et du Sénat. Eau-forte et dessins par A. Robida. *Paris, H. Daragon*, 1904, in-16, broché (*Couvert.*).

502. HENRIET (F.). Le paysagiste aux champs. Croquis d'après nature par Frédéric Henriet. 12 eaux-fortes par Corot, Daubigny, L. Desbrosses, J. Desbrosses, M. Lalanne, Lhermitte, Péquégnot, Portier. *Paris, A. Faure*, 1866, in-8, broché.

   Un des 25 exempl. sur HOLLANDE contenant les figures en double épreuve, AVANT la lettre, dont l'une sur Chine, collé.

503. HOUSSAYE (Arsène). Les Confessions. Souvenirs d'un demi-siècle, 1830-1880. *Paris, Dentu*, 1885-1891, 6 vol. in-8, figures, brochés.

504. IMITATION DE JESUS-CHRIST (Les quatre livres de l'). Traduction de Michel de Marillac publiée par les soins de D. Jouaust. Préface par M. E. Caro. Dessins hors texte par Henri Lévy, gravés à l'eau-forte par Waltner. Ornements par H. Giacomelli, *Paris, Jouaust*, 1875, in-8, figures, broché.

505. IMITATION DE JESUS-CHRIST (L'). Traduction de Michel de Marillac, précédée d'une préface par Louis Veuillot. *Paris, Glady frères*, 1876, in-8, figures, broché.

506. JACQUEMIN. Iconographie générale et méthodique du costume, du IVe au XIXe siècle (315-1815). Collection gravée à l'eau-forte, d'après des documents authentiques et inédits, par Raphaël Jacquemin, avec introduction et table méthodique. *Paris, l'auteur, s. d.*, 2 vol. in-fol., planches en bistre, dos et coins chag. vert, non rog.

   Exemplaire avec le *Supplément*.

507. JANIN (Jules). Lamartine 1790-1869. Portrait à l'eau-forte par Martial. *Jouaust*, 1869. — Alexandre Dumas, mars 1871. Portrait à l'eau-forte, par Flameng. *Id.*, 1871. — F. Ponsard, 1814-1867. Portrait à l'eau-forte par Flameng. *Id.*, 1872. Ens. 3 vol. in-18, brochés.

Imprimés à petit nombre sur papier de Hollande.

508. LUNE (La), semaine comique illustrée. Rédacteur en chef F. Polo. Directeur D. Lévy. Dessins-charges de Gill. 16 septembre 1866-17 janvier 1868, 70 numéros. — ECLIPSE (L'). Dessins-charges de Gill. 26 janvier 1868-1 avril 1872, 179 numéros. En 1 vol. in-fol., figures, demi-rel. toile grise, non rog.

509. MALE (Emile). L'Art religieux du xiii° siècle en France. Etude sur l'iconographie du Moyen Age et sur ses sources d'inspiration. *Paris, A. Colin*, 1902, in-4, 127 figures, broché.

510. MARESCHAL. Les faïences anciennes et modernes, leurs marques et décors. *Beauvais, V. Pineau*, 1868, in-8, cart., non rog.

Figures en chromolithographie.

511. MEAUME (Edouard). Recherches sur la vie et les ouvrages de Jacques Callot, suite au peintre-graveur français de M. Robert-Dumesnil. *Paris, Ve Renouard*, 1860, 2 vol. in-8, planches, demi-rel. veau fauve, ébarbés.

512. MERIMEE. Notice sur les peintures de l'Eglise Saint-Savin, par P. Mérimée. *Paris, Imprimerie royale*, 1845, gr. in-fol., demi-rel. chag. bleu.

42 planches en chromolithographie.

513. MOLIERE. Psyché, tragédie-ballet, ornée de 6 planches hors texte et six culs-de-lampe gravés à l'eau-forte par Champollion et publiée sous la direction de M. Em. Bocher, *Paris, Librairie des bibliophiles*, 1880, in-4, broché (*Couvert. illust.*).

Un des 150 exemplaires imprimés sur PAP. DE HOLLANDE.

514. MORGAN (Lady). Mémoires sur la vie et le siècle de Salvator Rosa, traduits par le traducteur de l'Italie, du même auteur et par M. X**. *Paris, Eymery*, 1824, 2 vol. in-8, port., demi-rel. veau olive, non rog.

515. MOREAU (Adolphe). Decamps et son œuvre avec des gravures en fac-similé des planches originales les plus rares. *Paris, Jouaust*, 1869, in-8, broché.

Un des 30 exemplaires imprimés sur PAPIER WHATMAN.

516. MOYNIER (L.). Lettres d'un chien errant sur la protection des animaux, mises au net par Louis Moynier. Lettre-préface de Léon Cladel. Poème inédit de Jean Richepin. *Paris, Dentu*, 1888, gr. in-8, fig., broché (*Couvert. illust.*).

517. MUSEE UNIVERSEL (Le), par Edouard Lièvre, avec le con-
cours des artistes et des écrivains les plus distingués. *Paris,
Goupil,* 1870, in-4 en feuilles, dans un carton.

Un des 60 exemplaires imprimés sur PAPIER DE HOLLANDE.

518. MUSÉES D'EUROPE, 4 vol. in-12, br.

BOUNIOL (Bathild). L'art chrétien et l'école allemande, avec une
notice sur M. Overbeck. *A. Bray,* 1856. — BURGER (W.). Amsterdam
et La Haye. Etudes sur l'école hollandaise. *Renouard,* 1858. — PESQUIDOUX
(Leonce de). Voyage artistique en France. Etudes sur les musées d'An-
gers, de Nantes, de Bordeaux, de Rouen, etc. *Michel Lévy,* 1857. —
VIARDOT (L.). Les musées de France. Paris. Guide et memento de l'artiste et du voyageur. *Maison,* 1855.

519. MUSEO NAZIONALE DI NAPOLI (I principali monumenti del).
Napoli, stamperia della R. universita, s. d., in-8, cart.

Figures au trait.

520. NARREY (Charles). Albert Durer à Venise et dans les
Pays-Bas. Autobiographie, lettres, journal de voyages, papiers
divers. Traduits de l'allemand avec des notes et une introduction
par Charles Narrey. *Paris, J. Renouard,* 1866, gr. in-8, figures,
broché.

27 figures sur papier de Chine.

521. PASSAVANT (J.-D.). Raphaël d'Urbin et son père Giovanni
Santi. Edition française refaite et considérablement augmentée
par l'auteur sur la traduction de M. J. Lunteschutz, revue et anno-
tée par Paul Lacroix. *Paris, J. Renouard,* 1860, 2 vol. in-8, demi-
rel. chag. bleu.

522. PEINTRES ESPAGNOLS. 2 vol.

GUEULLETTE (Ch.). Les peintres espagnols, études biographiques et
critiques. *Gay,* 1863, in-12, br. — QUILLIET (F.). Dictionnaire des
peintres espagnols. *Paris, chez l'auteur,* 1816, in-8, demi-rel. mar. gr.,
non rog.

523. PEINTRES FRANÇAIS du xviiie siècle, 5 vol. in-8, br.

CHAMPFLEURY. Les peintres de Laon et de Saint-Quentin. De La
Tour. *Didron,* 1855. — CHAVIGNERIE (B. de la). Recherches historiques...
sur le peintre Lantara : *Dumoulin,* 1852. — HOUSSAYE (A.). Greuze,
sa vie et son œuvre. *Plon, s. d.* — Le tombeau de Watteau à Nogent-
sur-Marne. *Paris, Renouard,* 1865. — Trois tableaux de Boucher, par
Champfleury. *Cadart et Luquet, s. d.,* gr. in-8.

524. PEINTRES FRANÇAIS. 8 vol. in-8, in-12 et in-18, br.

CANTALOUBE (A.). Eugène Delacroix, l'homme et l'artiste, ses amis
et ses critiques. *Dentu,* 1864, port. — GROS-KOST. Courbet, souvenirs
intimes. *Derveaux,* 1880. — MARX (Roger). Henri Regnault. *J. Rouam,*
s. d., in-8. — MERSON (Olivier). Ingres, sa vie et ses œuvres, *Hetzel, s. d.,*
in-18. — PONCET (J.-B.). Hippolyte Flandrin esquissé. *Martin-Beaupré,*

1864, in-8. — Sensier (A.). Etudes sur Georges Michel. *Lemerre*, 1873, gr. in-8. — Silvestre (Th.). Eugène Delacroix. Documents nouveaux. *M. Lévy*, 1864. — Zola (E.). Ed. Manet. *Dentu*, 1867.

525. PEINTRES ITALIENS, 4 vol. in-8 et in-12, br.

Baschet (A.). et Feuillet de Conches (F.-S). Les femmes blondes selon les peintres de l'école de Venise. *Aubry*, 1865, in-8. — Clément (Ch.). Michel-Ange, Léonard de Vinci, Raphaël, *Michel Lévy*, 1861. — Constantin (A.), Idées italiennes sur quelques tableaux célèbres. *Florence*, 1840. — Pougin (A.). Bellini, sa vie, ses œuvres. *Hachette*, 1868.

526. PEINTURE MODERNE, 4 vol. in-12 et in-8, br.

Chesneau (E.). Les Chefs d'école. *Didier*, 1862. — L'art et les artistes modernes. *Id.*, 1864. — Couture (Th.). Méthode et entretiens d'atelier. *Paris*, 1867. — La Forge (Anatole de). La peinture contemporaine en France. *Amyot*, 1856.

527. PETITOT. Les Emaux de Petitot du Musée impérial du Louvre. Portraits de personnages historiques et de femmes célèbres du siècle de Louis XIV gravés au burin par M. L. Ceroni. *Paris, Blaisot*, 1862-1864, 3 vol. in-4, planches, demi-rel. mar. gren., non rog.

528. PIEDAGNEL (Alexandre). Souvenirs de Barbizon. J.-F. Millet. Frontispice de F. Rops. *Paris, Fischbacher*, 1888, in-8, br.

Un des 30 exemplaires imprimés sur papier de Hollande.

529. PIEDAGNEL (Alexandre). J.-F. Millet. Souvenirs de Barbizon. Avec un portrait et neuf eaux-fortes par Ch. Beauverie, Max. Lalanne, Ad. Lalauze, Piguel, F. Rops, Saint-Raymond et A. Taïée et un fac-similé d'autographe. *Paris, A. Cadart*, 1876, gr. in-8, br.

530. PLANCHE (G.). Salon de 1831, par M. Gustave Planche. *Paris, Pinard*, 1831, in-8, broché.

16 vignettes gravées sur bois par *Porret*.

531. POTTIER (A). Histoire de la faïence de Rouen, précédée d'un index synchronique mettant en regard les faits correspondants de l'histoire des autres fabriques, et suivie d'un catalogue descriptif des pièces datées, classées chronologiquement. Ouvrage posthume de M. André Pottier. *Rouen, A. Le Brument*, 1869, 2 vol. pet· in-4, en feuilles, dans des cart.

58 planches, en chromolithographie.

532. POUSSIN (Nicolas). Collection de Lettres. *Firmin Didot*, 1824, in-8, dos et coins chag. vert. — Vie de Nicolas Poussin, considéré comme chef de l'Ecole françoise, par M. Gault de Saint-Germain. *Paris, Didot et Renouard*, 1806, gr. in-8, demi-rel. chag. gr.

533. PREVOST (Abbé). Histoire de Manon Lescaut et du chevalier des Grieux. Précédée d'une préface par Alexandre Dumas fils.

Illustrations de L. Flameng. *Paris, Glady frères*, 1875, in-8, figures, broché.

534. ROUARD. François Ier chez Mme de Boisy. Notice d'un recueil de crayons, ou portraits aux crayons de couleur, enrichi par le roi François Ier de vers et de devises inédites. Avec 12 portraits choisis, lithographiés en fac-similé. *Paris, Aubry*, 1863, in-4, broché.

Un des 75 exemplaires sur papier teinté ; figures sur Chine.

535. RAPINEIDE (La), ou l'atelier, poème burlesco-comico-tragique en 7 chants par un ancien rapin des ateliers Gros et Girodet. *Paris, Barraud*, 1870, in-8, broché.

Un des 20 exemplaires imprimés sur PAPIER WHATMAN. Illustrations de *Somm*.

536. REGAMEY (Félix). O Köma, roman japonais illustré, par Félix Régamey, d'après le texte de Takizava-Bakïn et les dessins de Chïguenoï. *Paris, E. Plon*, 1883, in-4 obl., cartonn. en satin.

537. REGAMEY (Félix). A Gambetta, par Félix Régamey. Lithochromie par Dambourgès. Photogravures par Charreyre, en feuilles dans un carton. Tiré à 60 exemplaires sur Hollande. — Blessure et maladie de M. Gambetta. Relation de l'autopsie. L'observation clinique a été rédigée par M. Lannelongue, l'autopsie par M. le professeur Cornil. Avec 3 planches lithographiées. *Paris, Masson*, 1883, in-8, planches et figures, broché. — Ens. 2 ouv.

538. ROME DANS SA GRANDEUR, vues, monuments anciens et modernes. Description, histoire, institutions. Dessins d'après nature par Philippe Benoist et Félix Benoist. Lithographies et vignettes par les premiers artistes de Paris. Texte par MM. Franz de Champagny, Eug. de la Gournerie, Edm. Lafond, H. de Maguelone, etc. I. Rome antique. II. Rome chrétienne. III. Rome moderne. *Paris, H. Charpentier*, 1870, 3 part. en 1 vol. in-fol., figures, demi-rel. mar. vert., non rog.

539. SALONS. 10 vol. in-12 et in-8, br.

ABOUT (Edm.). Voyage à travers l'Exposition des Beaux-Arts, 1855. Salons de 1857, 1866. *Hachette*, 3 vol. — ASTRUC (Z.). Les 14 stations du salon, 1859. *Poulet-Malassis*. — DU CAMP (M.). Les salons de 1859, 1861. *Librairie Nouvelle*, 2 vol. — DUCROS (E.). Une cigale au salon de 1882. *Baschet*, in-8. — GAUTIER (Théophile). Abécédaire du salon de 1861. *Dentu*. — PERRIER. L'Art français au salon de 1857, *M. Lévy*. — ZOLA (E.). Mon salon. *Librairie centrale*, 1866.

ÉDITIONS ORIGINALES.

540. SCHLIEMANN. Tirynthe. Le Palais préhistorique des rois de Tirynthe. Résultat des dernières fouilles. Illustré d'une carte de 4 plans, de 24 planches en chromol. et de 188 gravures sur bois. *Paris, Reinwald*, 1885, gr. in-8, rel. toile de l'éditeur.

541. SILVESTRE (Théophile). Histoire des artistes vivants français et étrangers. Études d'après nature. 10 portraits gravés sur acier. *Paris, Blanchard,* 1856, in-8, dos et coins chag. rouge, non rog.

542. THIERS (A.). Salon de mil huit cent vingt-deux, ou collection des articles insérés au Constitutionnel sur l'Exposition de cette année par M. A. Thiers. *Paris, Maradan,* 1812, in-8, broché (*Couvert.*).

EDITION ORIGINALE,

LIVRES MODERNES

DANS

TOUS LES GENRES

543. ALLUT (Paul). Recherches sur la vie et sur les œuvres du P. Claude-François Menestrier de la Compagnie de Jésus. Suivies d'un recueil de lettres inédites de ce Père à Guichenon et de quelques autres lettres de divers savans de son temps inédites aussi. *Lyon, N. Scheuring,* 1856, in-8, planches, demi-rel. mar. viol., dos orné, tète dor., non rog.

544. ALLUT (Paul). Aloysia Sygea et Nicolas Chorier. *Lyon, N. Scheuring,* 1862, in-8, broché (*Couvert.*).

Imprimé à 112 exempl.

545. ALMANACH des spectacles. Années 1874, 1875. Portraits de Mounet Sully et de Sarah Bernhardt gravés à l'eau-forte par L. Gaucherel. *Paris, Jouaust,* 1874-75, 2 vol. in-18, port., br. (*Couvert.*). Imprimé à petit nombre.

546. ANGLETERRE (Études sur l'.) 6. vol. in-8 et in-12, br.

BLANC (L.). Lettres sur l'Angleterre. *A. Lacroix,* 1866, 2 vol. — CHANNING. La vie de village en Angleterre *Didier,* 1862, in-12. — FRANQUEVILLE (Ch. de). Les institutions politiques judiciaires et administratives de l'Angleterre. *Hachette,* 1863. — SAINT RENÉ-TAILLANDIER. Le roi Léopold et la reine Victoria. *Id.,* 1878, 2 vol.

547. ATLAS DU COSMOS, contenant les cartes géographiques, physiques, thermiques, climatologiques, magnétiques, géologiques, botaniques, astronomiques, etc. applicables à tous les ouvrages de sciences physiques et naturelles et particulièrement aux œuvres

d'Alexandre de Humboldt et de François Arago. Dressées par M. Vuillemin, gravées sur acier par M. Jacobs sous la direction de M. J.-A. Barral. *aris, L. Guérin*, 1867, in-fol. obl., dos et coins chag. rouge, fil. dor., dos orné.

548. BARRAS. Mémoires de Barras, membre du Directoire, publiés avec une introduction générale, des préfaces et des appendices par George Duruy. *Paris, Hachette,* 1895-96, 4 vol. in-8, portraits, cartes, fac-similé, brochés.

549. BOISSIEU (A. de). En chasse. *Maillet,* 1868, pet. in-12. — Barthélemy (Édouard de). Les grands écuyers et la grande écurie de France avant et depuis 1789. *Librairie des bibliophiles,* 1868. — Tavernier (Ad.). L'art du duel. Eau-forte de Milius. Illustrations de Blanchon, Genilloud, etc. *Flammarion, s. d.* — Yger (Charles). A travers bois, prés et sillons. 12 dessins de M. E. Bellecroix. *F. Didot,* 1877. — Ens. 4 vol. in-12 et pet. in-12, br.

550. BOPP. Grammaire comparée des langues indo-européennes comprenant le sanscrit, le zend, l'arménien, le grec, le latin, le lithuanien, l'ancien slave, le gothique et l'allemand par M. François Bopp. Traduite et précédée d'une introduction par M. Michel Bréal. Avec un registre détaillé, rédigé par M. Fr. Meunier. *Paris, imprimerie impériale,* 1866-1874, 5 vol. in-8, brochés.

551. BROGLIE (duc de). Vues sur le gouvernement de la France, ouvrage inédit publié par son fils. *Michel Lévy,* 1870. — Souvenirs du feu duc de Broglie, 1785-1870. *Calmann Lévy,* 1886, 4 vol. — Ens. 5 vol. brochés.

552. BRUNET (Gustave). La France littéraire au xve siècle, ou catalogue raisonné des ouvrages en tout genre imprimés en langue française jusqu'à l'an 1500. *Paris, A. France,* 1865, in-8, broché.

Imprimé à petit nombre.

553. CABANÈS (Docteur). Le Cabinet secret de l'histoire. *Paris, A. Maloine,* 1900, 4 vol. pet. in-8 carré, brochés.

554. CARO (E.). L'Idée de Dieu et ses nouveaux critiques. *Hachette,* 1864, in-8. — Le matérialisme et la science. *Id.,* in-12. — Ens. 2 vol., br.

555. CHARRAS. Histoire de la campagne de 1815. Waterloo. Texte et atlas. *Bruxelles, Méline,* 1858, 2 vol. petit in-12, brochés.

556. CHASSANT (Alph.). Les nobles et les vilains du temps passé, ou recherches critiques sur la noblesse et les usurpations nobiliaires. *Aubry,* 1857 [Imprimé à petit nombre]. — Nobiliana. Curiosités nobiliaires et héraldiques. *Id,* 1858 [Imprimé à petit nombre]. — Braune (H.). Des distinctions honorifiques et de la particule. *Muffat,* 1862. — Ens. 2 vol. in-12, br.

557. CHÉRON de Villiers. Marie-Anne Charlotte de Corday d'Ar-
mont. Sa vie. Son temps. Ses écrits. Son procès. Sa mort. Fac-
similé de portraits et d'autographes exécutés par Émile Belot.
Paris, Amyot, 1865, gr. in-8, fac-similé, broché et atlas in-4.

558. CLARETIE (Jules). La Vie à Paris 1880-1885. *Paris, Havard,*
1881-86, 5 vol. in-12, brochés (*Couvert.*).

559. CLASSIQUES GRECS ET LATINS. *Paris, Hachette,* 15 vol.
gr. in-8, brochés.

> DÉMOSTHÈNE. Les Plaidoyers politiques. Texte grec avec commentaire
> par H. Weil, 1873-77, 2 vol. — EURIPIDE. Sept tragédies d'Euripide.
> Texte grec, avec commentaire par H. Weil, 1868. — HOMÈRE. Iliade et
> Odyssée. Texte grec, avec comment. par A. Pierron, 1869-75, 4 vol. —
> NÉPOS (Cornelius). Texte latin, avec commentaire par A. Monginot,
> 1868. — SOPHOCLE. Tragédies, texte avec commentaire par Ed. Fournier,
> 1867. — TACITE. Œuvres. Texte latin, avec commentaire par E. Jacob,
> 1875-77, 2 vol. — VIRGILE. Œuvres, texte latin, avec commentaire par
> E. Benoist, 1867-72, 4 vol.

560. COLLECTION GAY (de la). 3 vol., br.

> Cahiers de remarques sur l'orthographe française pour estre examinez
> par chacun de Messieurs de l'Académie... publiés avec notes par Ch.
> Marty-Laveaux, 1863, pet. in-12. — La Muse pariétaire et la Muse fo-
> raine, ou les chansons des rues depuis quinze ans, par C. N., 1863, in-8.
> — Appendice à la Muse pariétaire, 1864, in-8. — Les Chats, extraits de
> pièces rares et curieuses en vers et en prose. Anecdotes, chansons, pro-
> verbes, etc., le tout concernant la gent féline, recueillis par Jean Gay.
> 1866, in-12.

561. COLLECTION HETZEL 11 vol. in-12, br.

> BERTRAND (A.). Lettres sur les révolutions du Globe. — BERCHÈRE (N.).
> Le désert de Suez. — GRATIOLET (P.). De la physionomie et des monu-
> ments d'expression. — ERCKMANN-CHATRIAN. Histoire du plébiscite. —
> FARADAY. Histoire d'une chandelle. — FOUCOU (F.). Histoire du travail
> de la nature et de l'homme. — MAURY (M. P.). Géographie physique.
> — PAPE-CARPENTIER (Mme). Le secret des grains de sable. — PETIT (A.).
> La grammaire de la ponctuation. — ZUCHER et MARGOLLÉ. Histoire de la
> navigation. — L'armée française par un officier en retraite.

562. CONDÉ (Ouvrages relatifs à la mort du prince de). 8 vol. in-8,
br. et rel.

> Observations sur l'instruction relative à la mort du prince de Condé,
> par L. M. Hennequin. G. *Warée,* 1831, demi-rel. veau (*Rel. de. l'ép.*). —
> Examen médico-légal des causes de la mort de S. A. R. le prince de
> Condé par le Dr Marc. *Delaunay,* 1831. — Les secrets de St Leu. Sui-
> vis d'une biographie complète sur la baronne de Feuchères et de détails
> sur la mort du duc de Bourbon, par A. de Belleville. *Dentu,* 1831. —
> Plaidoyer de M. Hennequin pour MM. les princes de Rohan. *Warée,*
> 1832, demi-rel. mar. — Mensonges et calomnies pour la baronne de
> Feuchères, par les avocats du suicide. *Levasseur,* 1832. — L'Assassinat
> du dernier des Condé..., par l'abbé Pelier de Lacroix. *Id.,* 1832. —

Révélations inédites sur la mort du prince de Condé. Correspondance inédite, avec fac-similé d'autographes de Louis-Philippe, de Marie-Amélie, de la b^{onne} de Feuchères, du P^{ce} de Condé, par A. de Lassalle. *Dentu*, 1853.

563, COURTOIS (A. de). La Scène française en Russie. Trois comédies représentées sur le théâtre impérial Michel à Saint-Pétersbourg. *Librairie des auteurs*, 1866, pet. in-12 [Un des 130 ex. imp. sur papier vergé]. — DEUXIÈME CENTENAIRE de la Fondation de la Comédie française. *Jouaust et Ollendorff*, 1880, in-12 [Imprimé à petit nombre]. — La Farce de maître Pathelin, mise en trois actes, en vers modernes par Ed. Fournier. *Jouaust*, 1872, in-12 [Exempl. imprimé sur papier de Hollande]. — Charles Varlet de la Grange et son registre. *J. Claye*, 1876, in-8. — Ens. 4 vol.

564. CRITIQUE ET HISTOIRE LITTÉRAIRE. 7 vol. in-12, br.

AUBRYET (X.). Les jugements nouveaux. Philosophie de quelques œuvres. *Librairie nouvelle*, 1860. — LARROUMET (G.). Études d'histoire et de critique dramatiques. *Hachette*, 1892. — Études de littérature et d'art. *Id.*, 1895. — MAURY (Ch. de). Les jeunes ombres. Récits de la vie littéraire. *Id.*, 1865. — LEMOINE (J.). Études critiques et biographiques. *M. Lévy*, 1852. — Lettres de Colombine. *Dentu*, 1864. — STAFFER (P.). Petite comédie de la critique littéraire. *M. Lévy*, 1866.

565. DAIREAUX (E.). La Vie et les Mœurs à la Plata. *Paris, Hachette*, 1888, 2 vol. in-8, cartes, br.

566. DIDON (le P.). Jésus-Chist. *Paris, Plon, Nourrit*, 1891, 2 vol. in-8, cartes, brochés (*Couvert.*).

On y a joint : Les Allemands, par le P. Didon. *Calmann Lévy*, 1884, in-8, br.

567. DU CAMP (Maxime). Paris, ses organes, ses fonctions et sa vie dans la seconde moitié du XIXe siècle. *Paris, Hachette*, 1869-1875, 6 vol. in-8, brochés.

On y a joint : Paris bienfaisant. *Hachette*, 1888, in-8, broché.

568. DU CAMP (Maxime). Souvenirs littéraires. *Hachette*, 1882-1883, 2 vol. in-8. — Le Crépuscule. Propos du soir. *Id.*, 1893, in-12. — Ens. 3 vol., br.

569. DURUY (Victor). Notes et Souvenirs (1811-1894). *Paris, Hachette*, 1901, 2 vol. in-8, portrait, brochés.

570. DUVERGIER DE HAURANNE. Histoire du Gouvernement parlementaire en France, 1814-1848. *Paris, Michel Lévy*, 1857-1862, 5 vol. in-8, br.

571. ÉPISTOLAIRES. 3 vol. in-12 et in-8, br.

LAVEILLE (A.). Un Lamennais inconnu. Lettres inédites de Lamennais à Benoît d'Azy. *Perrin*, 1898. — LAVERDET (A.). Correspondance entre Boileau Despréaux et Brossette. Introduction par M. Jules Janin. *Techener*, 1858, in-8. — Renoul (Jean). Lettres publiées, avec introduction par M. Poujoulat. *Michel Lévy*, 1866.

572. FEUILLET DE CONCHES (F.). Louis XVI, Marie-Antoinette et Madame Elisabeth. Lettres et documents. *Paris, H. Plon*, 1864-69, 5 vol. in-8, brochés.

ÉDITION ORIGINALE.

573. GAMA (V. de). Journal du Voyage de Vasco da Gama en 1497, traduit du portugais par Arthur Morelet. *Lyon, L. Perrin*, 1864, pet. in-4, planches, broché.

574. GARIEL (H.). Bibliothèque historique et littéraire du Dauphiné. *Grenoble, Allier*, 1864, 1 vol. — Dictionnaire du Dauphiné de Guy Allard, publié par H. Gariel. *Id.*, 1864, 2 vol. — Ens. 3 vol. in-8, figures, brochés.

Exemplaires imprimés sur PAPIER DE HOLLANDE teinté.

575. GARNIER-PAGES. Histoire de la Révolution de 1848. *Paris, Pagnerre*, 1861-1862, 8 vol. in-8, br.

576. GORON. Les Mémoires de M. Goron, ancien chef de la sûreté. *Flammarion, s. d.*, 4 vol. — L'Amour criminel, du même. — Macé (G.). La Police parisienne. Un joli monde. Mes lundis en prison. *Charpentier*, 1887-1889. — Ens. 7 vol. in-12, br.

577. GUIZOT (F.). Vies des poètes français du siècle de Louis XIV. Tome premier (le seul paru). *Paris, Schoell*, 1813, demi-rel. veau olive, tr. jasp. [ÉDITION ORIGINALE. On y a joint une lettre autographe de Guizot]. — De la peine de mort. *Pichon et Didier*, 1828, demi-rel. chag. vert. — Ens. 2 vol. in-8.

578. GUIZOT (F.). *Paris, Michel Lévy*, 1861-1869. 6 vol. in-8, br.

L'Eglise et la société chrétiennes en 1861 (1861). — Le prince Albert, son caractère, ses discours. Traduit de l'Anglais par Mme de W... et précédé d'une préface par Guizot, 1863. — Méditations sur la religion chrétienne, 2e et 3e séries 1866-1868, 2 vol. — Mélanges biographiques et littéraires, 1868. — Mélanges politiques et historiques, 1869.

579. HAUSSONVILLE (Cte d'). L'Eglise romaine et le premier Empire, 1808-1814, avec notes, correspondances diplomatiques et pièces justificatives entièrement inédites. *Michel Lévy*, 1868-70, 5 vol. — Souvenirs et mélanges. *Id.*, 1878. — Ens. 6 vol. in-8, br.

Ces volumes ont été mouillés.

580. HEILLY (Georges d'). Extraction des cercueils royaux à Saint-Denis, en 1793. Relation authentique. *Paris, Jouaust*, 1866, in-32. — Morts royales. *A. Faure*, 1860, in-12. — Prignot (G.). Notice chronologique de tous les souverains, princes et princesses d'Europe qui ont péri de mort violente de 1437 à 1840. *Paris, Aubry*, 1865, in-8. — Ens. 3 vol.

581. HISTOIRE CONTEMPORAINE. 8 vol. in-12, br.

> BONNEFON (J. de). Drame impérial. Ce que l'on ne peut pas dire à Berlin. *Dentu,* 1888. — CHAUDORDY (Cte de). La France en 1889. *Plon, s. d.* — FRARY (R.). Le péril national. *Didier,* 1881. — NORMAND (F.). L'Année anecdotique. *Dentu,* 1860. — MORELL-MACKENZIE. La Dernière maladie de Frédéric le noble. *Ollendorf,* 1888. — ROCHEFORT (H.). Les Français de la décadence. *Librairie centrale,* 1866. L'Evadé. Roman comique, *Charpentier,* 1880. — GASTON ROUTIER. Un point d'histoire contemporaine. *Daragon,* 1901.

582. HISTOIRE RELIGIEUSE. 8 vol. in-8 et in-12, br. et rel.

> BURNOUF (F.), La Science des religions. *Maisonneuse,* 1872. — EICHTHAL (d'). Les Évangiles. *Hachette,* 1863, 2 vol. — DECHAMPS (V.). Entretiens sur la démonstration catholique de la Révélation chrétienne. *L. Vives,* 1857, demi-rel. mar. — NICOLAS (Michel). Etudes sur les Evangiles apocryphes. *M. Lévy,* 1866. — REINACH (Th.). Histoire des Israélites depuis l'époque de leur dispersion jusqu'à nos jours. *Hachette, s. d.,* in-12. — SCHENKEL (D^r). Jésus. Portrait historique. Traduit de l'allemand. *Reinwald,* 1865. — VEUILLOT (Louis). La Vie de Notre-Seigneur Jésus-Christ. *Perisse frères,* 1864.

583. ITALIE (Etudes sur l'). 5 vol. in-8 et in-12. br.

> BRACHET (A.). Al misogallo signor Crispi. *Plon,* 1882. — HIPPEAU (C.). L'Italie en 1865. Souvenir d'une mission à Florence à l'occasion du 600e anniversaire de Dante. *Caen et Paris,* 1866, in-12. — LA MARMORA (A.). Les Secrets d'Etat dans le gouvernement constitutionnel, traduit de l'Italien. *Dumaine,* 1877. — LA RIVE (W. de). Le comte de Cavour. Récits et souvenirs. *Hetzel,* 1862. — VILLEFRANCHE (J.-M.). Pie IX, sa vie, son histoire, son siècle. *Lyon et Paris,* 1876.

584. LAMENTATIONS (Les) d'Isis et de Nephthys, d'après un manuscrit hiératique du musée de Berlin, publié en fac-similé, avec traduction et analyse, par J. de Horrack. *Paris, Tross,* 1866, in-4, broché.

585. LANFREY (P.). Histoire de Napoléon Ier. *Paris, Charpentier,* 1867-1875, 5 vol. in-12, brochés.

586. LE CLERC (Victor) et RENAN (Ernest). Histoire littéraire de la France au quatorzième siècle. Discours sur l'état des lettres, par V. Le Clerc. Discours sur l'état des Beaux-Arts, par E. Renan. *Paris, Michel Lévy,* 1865, 2 vol. in-8, brochés.

587. LINGUISTIQUE, etc., 4 vol. in-12 et in-8, brochés.

> BECQ DE FOUQUIÈRES. Traité de diction et de lecture à haute voix. *Charpentier,* 1881, in-12. — BRÉAL (Michel). Mélanges de mythologie et de linguistique. *Hachette,* 1878. — MULLER (Max). Nouvelles leçons sur la science du langage. *Durand,* 1867. — TOBLER (A.). Le vers français ancien et moderne, traduit par Karl Breul et L. Indre. Préface par G. Paris. *Paris, Vieweg,* 1885.

588. LITTÉRATURE DU MOYEN AGE. 3 vol.

> Aventures de maître Renard et d'Ysengrin, son compère. *Techener,*

1861, in-12, demi chag., non rog. — Gérard de Roussillon. *Lyon,
Perrin*, 1856, in-12, br. — Méraugis de Portlesguez, roman de la Table
ronde, par Raoul de Houdenc, publié pour la 1re fois par H. Michelant.
Tross, 1869, in-8, fac-sim., br.

589. LITTÉRATURE DU XVIe SIECLE. 3 vol. in-8, br.

> Jeandet (J.-P. Abel). Pontus de Tyard, seigneur de Bissy. *Aubry*,
> 1860. — Marot. Poème inédit de Jehan Marot, publié avec notes,
> par G. Guiffrey. *Renouard*, 1860. — Lettres inédites de Diane de Poitiers,
> publiées avec notes par G. Guiffrey. *Id.*, 1865.

590. LIVRE DES CENT BALLADES (Le). Contenant des conseils
a un chevalier pour aimer loialement et les responses aux ballades,
publié avec notes et glossaire par le marquis de Queux de Saint-
Hilaire. *Paris, E. Maillet*, 1868, in 8, broché.

591. LOUIS XV. 4 vol. in-12 et in-16, br.

> Heilly (G. d'). Maladie et mort de Louis XV. Relation. *Rouquette*,
> 1866, in-16. — Cotillon III. Jeanne Béqus, comtesse du Barry par le
> même. *A. Faure*, 1867. — Louis XV et Madame de Pompadour peints
> et jugés par le lieutenant des chasses du parc de Versailles. *J. Baur*,
> 1876. — Les Mémoires de la duchesse de Brancas. Fragment sur Louis XV
> et Madame de Chateauroux, sa maîtresse. *Jouaust*, 1865.

592. LOUIS XVI et MARIE-ANTOINETTE. 3 vol. in-18 et in-12,
br. et rel.

> Duchesse d'Angoulême. Relation de la captivité de la famille royale
> à la tour du Temple. *Poulet-Malassis*, 1862, in-18. — Marie-Antoinette
> à la Conciergerie. Pièces originales publiées par E. Campardon. *J. Gay*,
> 1863, dos et coins mar. bleu, tête dor., non rog. — Journal de
> Louis XVI, publié par Louis Nicolardot. *Dentu*, 1863.

593. LUCE (Siméon). Histoire de Bertrand du Guesclin et de son
époque. La jeunesse de Bertrand (1320-1364). *Paris, Hachette*,
1876, in-8, broché.

594. LUCE (Siméon). Jeanne d'Arc à Domrémy. Recherches critiques
sur les origines de la mission de la Pucelle. Avec pièces justificatives. *Paris, H. Champion*, 1886, in-8, broché.

595. MARGUERITE DE NAVARRE. Lettres (et nouvelles lettres,
adressées au roi François Ier, son frère) de Marguerite d'Angou-
lême, sœur de François Ier, reine de Navarre, publiées d'après les
manuscrits de la Bibliothèque du Roi par F. Génin. *Paris, J. Renouard*, 1841-42, 2 vol. in-8, dos et coins mar. rouge, tête dor.,
non rog.

596. MARIE-ANTOINETTE. Correspondance inédite de Marie-
Antoinette publiée sur les documents originaux par le comte Paul
Vogt d'Hunolstein. *Dentu*, 1864. — Correspondance de Marie-An-
toinette, Joseph II et Léopold II. Recueillie par Alfred Ritter von
Arneth. *Leipzig, Paris, Vienne*, 1866. — Correspondance de Ma-

rie-Thérèse et de Marie-Antoinette. Recueillie par le même. *Id.*,
1865-66, 2 vol. — Lettres de Marie-Antoinette à la Landgrave de
Hesse Darmstadt. *Plon,* 1865. — Ens. 5 vol. in-8, brochés.

597. MARIE-ANTOINETTE. Correspondance secrète entre Marie-
Thérèse et le Cte de Mercy-Argenteau, avec les lettres de Marie-
Thérèse et de Marie-Antoinette, publiée avec introduction et notes
par M. le Ch^er Alf. d'Arneth et M. A. Geffroy. *Paris, F. Didot,*
1874, 3 vol. in-8, brochés.

598. MAXIMES, PENSÉES. 6 vol., br.

> Doudan (X.). Pensées. Essais et maximes. *Calmann Lévy,* 1880, in-8,
> port. — Formin (de) d'Oppède (Marquise). Règlement donné par la
> duchesse de Liancourt à la princesse de Marsillac. *Plon,* 1881, pet. in-12.
> — Grenier (Edouard). Penseroso. Réflexions et maximes. *Lemerre,*
> 1886, pet. in-32. — La Rochefoucauld. Maximes. Premier texte im-
> primé à la Haye en 1664. Avec préface par A. Pauly. *Morgand,* 1883,
> in-8. — Roux (J.). Nouvelles pensées. *Lemerre,* 1887, in-12. —
> Stern (Daniel). Pensées, réflexions et maximes, *Techener,* 1856, pet.
> in-12.

599. MÉLANGES DE BIOGRAPHIE. 7 vol. in-12, br.

> Boissieu (A. de). Lettres d'un passant. Figures contemporaines.
> *Maillet,* 1869. — Gozlan (L.). Balzac chez lui. *Michel-Lévy,* 1862.
> — Hommes du jour, *Id.*, 1860. — Quépat (Nérée). La lorgnette
> philosophique. *Librairie des bibliophiles,* 1872. — Ratisbonne (L.).
> Morts et vivants. *Michel-Lévy,* 1860. — Reynaud (J.). Portraits con-
> temporains. *Amyot,* 1864-69, 2 vol.

600. MÉMOIRES DRAMATIQUES, 5 vol. in-12, br.

> Bouffé. Mes souvenirs, 1800-1880. Préface par Ernest Legouvé.
> *Dentu,* 1880, portraits. — Duplan (P.). Lettres de Aimée Desclée à
> Fanfan. *Calm. Lévy,* 1895, port. et fac-sim. — Fleury (Cte). Souve-
> nirs de M. Delaunay. *Id.*, *s. d.*, port. — Samson. Mémoires de Sam-
> son, de la Comédie française. *Ollendorff,* 1882, port. — Spoll (E.-A.).
> Mme Carvalho. Notes et souvenirs. Portrait à l'eau-forte par Lalauze.
> *Jouaust,* 1885, pet. in-12.

601. MOLIÈRE. L'Avare, comédie en cinq actes de J.-B.-P. Molière, mise en vers par L.-F.-A. *Paris, Glady,* 1875, in-8, broché.

602. MOLIÈRE (Études sur). 5 vol. in-12 et in-8, br.

> Lacour (L.). Le Tartuffe par ordre de Louis XIV. Recherches nou-
> velles. *Claudin,* 1877, pet. in-12. — Lapommeraye (H. de). Les Amours
> de Molière. *Jouaust,* 1873, pet. in-12. — Lavoix (H.). La première
> représentation du Misanthrope. 4 juin 1666. *Lemerre,* 1877 (Un des 50
> exemplaires imprimés sur papier Whatman).—L'Instrument de Molière.
> Traduction du traité de clysteribus de Regnier de Graaf (1668). *Mor-*
> *gand,* 1878. — Soleirol (H.-A.). Molière et sa troupe. *Chez l'auteur,*
> 1858, in-8.

603. MORTIER. Les Soirées parisiennes par un Monsieur de l'or-

chestre. Illustrations de Sarah Bernhardt, Cheret, Victor Massé, etc. Années 1874-1877. *Paris, Dentu,* 1875-78, 4 vol. in-12, br.

604. MULLER (Max). La Science du langage. — Nouvelles leçons sur la science du langage. Traduit par Georges Harris et Georges Perrot. *Paris, Durand et Pedone Lauriel,* 1864-1868, 2 vol. in-8, brochés (*Couvert.*).

605. NAPOLÉON (Prince). Napoléon et ses détracteurs. *Paris, Calmann-Lévy,* 1887, gr. in-8, broché.

> Un des 75 exemplaires imprimés sur PAPIER DU JAPON.
> On y a joint La Vérité à mes calomniateurs, par le Prince Napoléon. *Dentu,* 1871, br. in-8.

606. NISARD (Désiré). Souvenirs et notes bibliographiques. Avec un portrait gravé à l'eau-forte. *Calmann-Lévy,* 1888. — Aegri somnia. Pensées et caractères. *Id.,* 1889. — Ens. 3 vol. in-8, br.

607. NOELS. 6 vol, in-12 et in-8, br. et rel.

> Noëls nouveaulx sur le chant de plusieurs belles chansons nouvelles de cette présente année 1554. *Techener, s. d.,* dos et coins mar. viol. — Les Noëls virois par Jean le Houx. *Caen, Le Gost-Clérisse,* 1862. — Traduction des Noëls bourguignons par M. de la Monnoye. *Bruxelles, Mertens,* 1865. — Noëls et cantiques imprimés à Troyes depuis le XVII° siècle jusqu'à nos jours..., publiés par A. Socard. *Aubry,* 1865. — La grande Bible des Noëls. *Orléans, Herluison,* 1866. — Noëls d'Aimé Piron. *Dijon,* 1858.

608. BOIGNE (Charles de). Petits mémoires de l'Opéra. *Librairie Nouvelle,* 1857. — NUITTER (Ch,). Le nouvel Opéra, ouvrage contenant 50 gravures sur bois et 4 plans. *Hachette,* 1875 (figures sur Chine, collé). — ALPHONSE ROYER. Histoire de l'Opéra, avec douze eaux-fortes. *Bachelin-Deflorenne,* 1875. — NÉRÉE DESARBRES. Deux siècles à l'Opéra (1669-1868). *Dentu,* 1868. — ROULLET. Récit historique des événements qui se sont passés dans l'administration de l'Opéra, la nuit du 13 février 1820. *Poulet-Malassis,* 1862. — Ens. 5 vol. in-12, br.

609. ORLÉANS (Duchesse d'). Lettres originales de Madame la duchesse d'Orléans, Hélène de Mecklenbourg-Schwerin et souvenirs biographiques recueillis par G.-H. de Schubert. *Genève et Paris,* 1859. — Madame la duchesse d'Orléans, Hélène de Mecklembourg-Schwerin. *Michel Lévy,* 1859. — Ens. 2 vol. in-8, portraits, dos et coins mar. bleu, tête dor., non rog.

610. OZANAM (A.-F.). Œuvres complètes. *Paris, J. Lecoffre,* 1855-1862. 11 vol. in-8, broch.

> La Civilisation au v° siècle, 2 vol. — Études germaniques, 2 vol. — Les Poètes franciscains, 1 vol. — Dante et la philosophie catholique, 1 vol. — Mélanges, 2 vol. — Le Purgatoire de Dante, 1 vol. — Lettres, 2 vol.

611. PARIS (Mœurs et histoire). 14 vol. in-12 et in-8, br.

> LAGARDIE (H. de). Causeries parisiennes. *Charpentier*, 1863. — LE-
> PAGE (A.). Les Cafés politiques et littéraires de Paris, *Dentu, s. d.* —
> LE ROUX (Hugues). L'Enfer parisien. *Havard*, 1888. — MANÉ. Paris
> aventureux. Paris effronté. Paris amoureux. Paris mystérieux. Le Paris
> viveur. *Dentu*, 1861-1864, 5 vol. — MARX (Adrien). Indiscrétions pari-
> siennes. *A. Faure*, 1866. — MONPROFIT (O.). Les murs de Paris, en
> avril 1873. *Sagnier*, 1873. — PÈNE (H. de). Paris intime. *Librairie
> nouvelle*, 1859. — ROQUEPLAN (Nestor). La vie parisienne. *Librairie
> nouvelle*, 1857. — Une semaine de l'histoire de Paris, par M. le baron
> de L** L*. *Delaunay-Vallée*, 1830, in-8. — VILLEMER (Mis de) [Ch.
> Yriarte]. Portraits parisiens. *Dentu*, 1866.

612. PARIS (Comte de). Les Associations ouvrières en Angleterre
(Trades-Unions). *Germer Baillière*, 1869, in-12, broché (*Couvert*.).

> ÉDITION ORIGINALE.

613. PARNASSE CONTEMPORAIN (Le). Recueil de vers nouveaux,
1866. *Paris, A. Lemerre*, 1866, in-8, broché.

614. PASCAL. Texte primitif des Lettres provinciales. D'après un
exemplaire in-4 (1656-1657) où se trouvent des corrections en écriture du temps. *Paris, Hachette*, 1867, gr. in-8, broché.

615. PASCAL (Blaise). Pensées, fragments et lettres publiés pour
la première fois conformément aux manuscrits originaux en grande
partie inédite par M. Pr. Faugère. *Paris, Andrieux*, 1844, 2 vol.
in-8, dos et coins mar. rouge, tête dor., non rog.

> On y a joint : Défense de Pascal et accessoirement de Newton, Gali-
> lée, Montesquieu, etc. contre les faux documents présentés par M.
> Chasles à l'Académie des sciences, par M. P. Faugère. Avec plusieurs
> fac-simile. *Paris, Hachette*, 1868, in-4, br.

616. PASQUIER (Chancelier). Mémoires, publiés par M. le duc
d'Audiffret-Pasquier (1789-1830). *Paris, Plon, Nourrit*, 1893-1895,
6 vol. in-8, portraits, brochés.

617. PHILOSOPHIE. 5 vol. in-12 et in-8, br.

> FOUCHER DE CAREIL (A.). Hegel et Schopenhauer. *Hachette*, 1862,
> in-8. — STERN (Daniel). Essai sur la liberté considérée comme prin-
> cipe et comme fin de l'activité humaine. *Michel Lévy*, 1863. — VACHE-
> ROT (Etienne). La métaphysique et la science, ou principes de métaphy-
> sique positive. *Chamerot*, 1863, 3 vol,

618. PHYSIOLOGIE, SCIENCES MÉDICALES. 8 vol. in-12 et
in-8, br.

> BROUARDEL (P.). Affaire Pranzini. Triple assassinat. Relation médico-
> légale. *Baillière*, 1887, in-8. — LAURENT (Em.). L'Amour morbide.
> Etude de psychologie pathologique, par le Dr Émile Laurent. *Société
> d'éditions scientifiques*, 1891. — MANTEGAZZA (Prof.). Physiologie du
> plaisir. Traduit et annoté par M. Combès de Lestrade. *Reinwald*, 1886,
> in-8. — MAURY. Le sommeil et les rêves. Etudes psychologiques. *Di-*

dier, 1852. — Moll (D' A.). Les perversions de l'instinct génital. Etude sur l'inversion sexuelle. Traduit par le D' Pactet. *Carré*, 1893, in-8. — Nonot (D' L.). L'art d'avoir des enfants sains de corps et d'esprit. *Rouveyre*, 1881. — Rambosson. Les lois de la vie, ou l'art de prolonger ses jours. *Firm. Didot*, 1871, in-8. — Rambosson. La loi absolue du devoir et la destinée humaine au point de vue de la science comparée. *Id.*, 1875.

619. POGGE. Les Bains de Bade au xvᵉ siècle, scène de mœurs traduite en français par Ant. Meray. *Académie des Bibliophiles*, 1868, in-16. — Pogge. Contes, avec introduction et notes de Ristelhuber. *Lemerre*, 1867, in-16. — Les deux relations authentiques du meurtre de J. Monaldeschi, composées par Le Bel et Conti. *Id.*, 1865, in-16. — Conversation du maréchal d'Hoquincourt avec le père Canaye, par Sᵗ Evremond. *Id.*, 1865, in-16. — L'art de la guerre. Conversation chez la cᵗᵉˢˢᵉ d'Albany, par P.-L. Courier. *Id.*, 1871. — Vins à la mode et cabarets au xviiiᵉ siècle, par A. de la Fizelière. *Pincebourde*, 1866, frontisp. — Testament politique du duc Charles de Lorraine. *Académie des Biblioph.*, 1866. — La princesse de Guéménée dans le bain et le duc de Choiseul. *Id.*, 1867. — Les conversations du jour de l'an chez Mᵐᵉ du Deffand, il y a un siècle, publiées par A.-P. Malassis. *J. Baur*, 1877. — Le Parnassiculet contemporain. Orné d'une étrange eau-forte. *J. Lemer*, 1867 (Edit. orig.). — Même ouvrage. *Id.*, 1872. — Ens. 10 vol. in-16 et in-12.

Réimpressions à petit nombre.

620. PONTMARTIN (A. de). Causeries littéraires. *Paris, Michel Lévy*, 1854-1855, 2 vol. — Causeries du samedi, 1857-1860, 3 vol. — Dernières semaines littéraires, 1861-1864, 3 vol. — Nouveaux samedis, 1866-1870, 5 vol. — Ens. 13 vol. in-12, brochés.

621. PRESSE (Ouvrages relatifs à la). 6 vol. in-12 et in-8, br. et rel.

Brunet (G.). Essai sur la statistique de la presse périodique dans les cinq parties du monde. *Bordeaux, Henri Faye*, 1841, in-8, demi-rel. veau br. — Hatin (Eugène). Histoire politique et littéraire de la Presse en France. *Paris, Poulet-Malassis*, 1859, 2 vol. in-8. — Izambard (H.). La presse parisienne. Statistique de 1848 à l'Empire. *Krabbe*, 1853. — Vaudin (J.-F.). Gazetiers et gazettes. Histoire critique et anecdotique de la presse parisienne. Années 1858-1859. *Paris, chez tous les libraires*, 1860-63, 2 vol.

622. PRÉVOST-PARADOL. Essais de politique et de littérature. *Paris, Michel Lévy*, 1860-1863, 2 vol. — Nouveaux essais de politique et de littérature, 1862. — Ens. 3 vol. in-8, br.

623. PROVINCES (Livres sur les). 9 vol. in-8 et in-12.

Aumac (D'). Description naïve et sensible de la fameuse Eglise Sainte-Cécile d'Albi. *Académie des bibliophiles*, 1867, pet. in-12. —

Bellier de la Chavignerie. Chroniques de Saint-Mathurin. *Chenu,* 1864. — Bouhier (Jean). Souvenirs. Extrait d'un manuscrit autographe inédit. *Chez tous les libraires bibliophiles, s. d.* — La Saussaye (L. de). Le château de Chambord. *Blois et Paris,* 1865. — Lenthéric (Ch.). La Provence maritime ancienne et moderne. *Plon,* 1880. — Massillon Rouvet. La commune de Nevers, origine de ses franchises, suivie d'un guide archéologique dans Nevers et ses environs. *Nevers, Michot,* 1881, pet. in-12. — Peignot (Gabriel). Notice exacte de toutes les personnes nées ou domiciliées dans la Côte-d'Or qui ont péri sur l'échafaud pendant le règne révolutionnaire (1763-1794). — Trippault (Em.). Les anagrammes des noms et surnoms des damoiselles et dames d'Orléans. *Orléans, Herluison,* 1867. — Lacour (L.). La Carte à payer d'une dragonnade normande en 1685. *Poulet-Malassis,* 1857.

624. QUICHERAT (Jules). Mélanges d'archéologie et d'histoire. Antiquités celtiques, romaines et gallo-romaines. Mémoires et fragments réunis et mis en ordre par A. Giry et A. Castan, précédés d'une notice sur la vie et les travaux de J. Quicherat par Robert de Lasteyrie et d'une bibliographie de ses œuvres. *Paris, A. Picard,* 1885, gr. in-8, figures et planches, broché.

625. QUINET (Edgard). Merlin l'enchanteur. *Paris, Michel Lévy,* 1860, 2 vol. — La Création. *A. Lacroix,* 1870, 2 vol. — Ens. 4 vol. in-8, broch.

626. RABELAIS (Ouvrages relatifs à). 4 vol. in-8 et in-12, br. et rel.

Brunet (Ch.). Recherches bibliographiques et critiques sur les éditions originales des cinq livres du roman satirique de Rabelais, etc. *Potier,* 1852. — Montaiglon (Anatole de). Sept dixains de sonnets tirés de Rabelais. *Rouquette,* 1881. — Le Rabelais de poche. Avec un dictionnaire pantagruélique tiré des œuvres de F. Rabelais. *Alençon, Poulet-Malassis,* 1860, in-12, dos et coins, mar. orange, tête dor., non rog. — Les songes drolatiques de Pantagruel. Reproduction fac-similé du texte et des 120 planches de l'édition originale. *Genève, Gay,* 1868.

627. RATISBONNE (Louis). L'Enfer et le Purgatoire du Dante, traduits en vers. Texte en regard. *Paris, Michel-Lévy,* 1854-57, 4 vol. in-12, brochés.

628. RAYNOUARD. Grammaire comparée des langues de l'Europe latine dans leurs rapports avec la langue des troubadours. *Paris, Firmin Didot,* 1821, in-12, broché.

629. RÉIMPRESSIONS de Pièces rares. 6 vol. in-12 et in-8, br. et rel.

Les chapeaux de Castor. Un paragraphe de leur histoire. *Jouaust,* 1867. — La fleur des chansons. *Gand, s. d.* — Les loix de la galanterie (1644). *Aubry,* 1855, demi-rel. mar. rouge. — La journée des madrigaux, suivie de la gazette de Tendre. *Id.,* 1856, rel. toile. — Lettre en vers sur les mariages de Mlle de Rohan avec M. de Chabot, de

Mlle de Rambouillet avec M. de Montausier, etc., 1645. *Id.*, 1862. — Poésie d'Anne de Rohan-Soubise et lettres d'Eléonore de Rohan-Montbazon à divers membres de la société précieuse. *Id.*, 1862.

630. RÉIMPRESSIONS de pièces rares. 8 vol. in-16 et in-8, br. et rel.

> L'Empirique, pamphlet historique, 1624. *Académie des Bibliophiles,* 1867. — La Semonce des cocus de Paris, mai 1535. *Id.*, 1866. — Les grandes et inestimables cronicques du grant et énorme géant Gargantua... (Lyon, 1532). *Crapelet,* 1845, in-16, demi-rel. mar. — Les blasons domestiques, par Gilles Corrozet. *Soc. des bibliophiles,* 1865, in-16. — Notice sur le blason des couleurs de Sicille, par II. Cocheris. *Aubry,* 1860. — La vie de madame saincte Marguerite, vierge et martyre. *Troyes, J. Lecoq (Muffat, s. d.).* — L'alphabet de la mort de Hans Holbein. Publié par An. de Montaiglon. *Tross,* 1856, demi-rel. mar. noir. — Voyage de Paris à St-Cloud par mer. *Maillet,* 1865, in-18.

631. REMUSAT (de). Correspondance de M. de Rémusat, pendant les premières années de la Restauration, publiée par son fils Paul de Rémusat. *Paris, Calmann Lévy,* 1884, 4 vol. (2 vol. sont mouillés). — Lettres de Madame de Rémusat (1804-1814) publiées par son petit-fils Paul de Rémusat. *Id.*, 1881, 2 vol. — Ens. 6vol. in-8, br.

632. RÉVOLUTION FRANÇAISE. 11 vol. in-12 et in-8, br. et rel.

> BOUGEARD (A.). Danton. *F. Henry,* 1861, in-8. — BRUNET (Ch.). Marat, dit l'Ami du peuple. *Poulet-Malassis,* 1862, port., demi-rel. chag. rouge. — Du BLED. Les causeries de la Révolution. *Calm. Lévy.* 1889. — Poésies nationales de la Révolution française. *Michel fils et Bailly,* 1836, in-8, demi-rel. veau ol. — Le Père Duchesne d'Hébert, publié de 1790 à 1794, par Ch. Brunet. *France,* 1859, in-12, demi-rel. mar. r. — Les Almanachs de la Révolution par H. Welschinger, *Jouaust,* 1884. — Les travailleurs de septembre, 1792, par le comte H. de Viel-Castel. *Dentu,* 1862. — L'entrée de Danton aux enfers, poème de J.-B. Salle, publié par G. Moreau-Chaslon. *Miard,* 1865. — Les Hébertistes par G. Tridon. *Chez l'auteur,* 1864, in-8. — Concordance de l'annuaire de la République française avec le calendrier grégorien. *Paris et Lyon,* 1810, in-8. — Theveneau de Morande, par P. Robiquet. *Quantin,* 1882.

633. RÉVOLUTION de 1848. 10 vol. in-12 et in-8, br.

> Du CAMP (Jules). Histoire de la Révolution de Février. *Paris, Barbier,* 1850, in-8, fig. et pl. de cost. color., dem. rel. ch. r. — Du CAMP (Maxime). Souvenirs de l'année 1848. *Hachette,* 1876. — DUNOYER. La Révolution du 24 février. *Guillaumin,* 1849, in-8. — NORMANBY (Mis de). Une année de Révolution, d'après un journal tenu à Paris en 1848. *Plon,* 1860, 2 vol. — PELLETAN (Eug.). Histoire des trois journées de février 1848. *Colas,* 1848, in-8. — REGNAULT (Elias). Histoire du gouvernement provisoire. *V. Lecou,* 1850, in-8. — STERN (Daniel). Histoire de la Révolution de 1848. *Charpentier,* 1862, 2 vol. — Trognon. Vie de Marie Amélie. *Michel Lévy,* 1871, in-8.

634. REVUE RETROSPECTIVE, ou archives secrètes du dernier

gouvernement. Recueil non périodique, année 1848. *Paris, Paulin,* 1848, gr. in-8 à 2 col., cart., non rog.

Tout ce qui a paru.

635. RIGAULT (H. de). Œuvres complètes, précédées d'une notice biographique et littéraire par M. Saint-Marc Girardin. *Paris, L. Hachette,* 1859, 4 vol. in-8, br.

636. SAINT-ARNAULT (Maréchal de). Lettres. *Paris, Michel Lévy,* 1855, 2 vol. in-8, dos et coins cuir de Russie, fil. dor., dos orné, tr. marb.

Papier de Hollande.

637. SARCEY (Francisque). Quarante ans de théâtre (Feuilletons dramatiques.) La Comédie française. — Molière et la Comédie classique. — La tragédie. Auteurs contemporains. — Journal de jeunesse (1839-1857), recueilli et annoté par Adolphe Brisson. *Bibliothèque des Annales politiques et littéraires,* 1900-1902. — Ens. 9 vol. in-12, brochés.

638. SIMON (Jules). 5 vol. in-8, broch.

Le Travail. *A. Lacroix,* 1866. — La Réforme de l'Enseignement secondaire. *Hachette,* 1874. — Le Gouvernement de M. Thiers. *Calmann Lévy,* 1878, 2 vol. — Thiers. Guizot, Rémusat. *Calmann Lévy,* 1885.

639. STRAUSS (D.-F.). Nouvelle vie de Jésus. Traduit de l'allemand par A. Nefftzer et Ch. Dollfus. *Paris, Hetzel et A. Lacroix, s. d.,* 2 vol. in-8, br.

640. TALLEYRAND. Correspondance inédite du prince de Talleyrand et du roi Louis XVIII pendant le congrès de Vienne. Avec préface et notes par G. Pallain. *Plon,* 1881. — Mémoires du prince de Talleyrand, publiés avec une préface et des notes par le duc de Broglie. *Calmann Lévy,* 1891-92, 5 vol. — Ens. 6 vol. in-8, brochés.

641. VALERY. Voyages historiques, littéraires et artistiques en Italie. Guide raisonné et complet du voyageur et de l'artiste. *Paris, Aimé André et Baudry,* 1838, 3 vol. in-8, cart., non rog.

642. VALLEE (Léon). La Sarabande, ou choix d'anecdotes, bons mots, chansons, gauloiseries, épigrammes, épitaphes, réflexions et pièces en vers des Français depuis le xvᵉ siècle jusqu'à nos jours. *Paris, H. Welter,* 1903, 2 vol. in-8, brochés.

643. VASILI (Comte Paul). La Société de Madrid. Edition augmentée de lettres inédites. *Nouvelle revue,* 1886. — La Société de Paris. Le grand monde. Le monde politique. *Id.,* 1887-1888, 2 vol. — La Société de Rome. Edition augmentée de lettres inédites. *Id.,* 1887. — Ens. 4 vol. in-8, brochés.

644. VOYAGES. 6 vol. in-8 et in-12, br.

Bigelow (J.). Les Etats-Unis d'Amérique en 1863. *Hachette*, 1863, in-8. — Bourde (Paul). De Paris au Tonkin. *Calm. Lévy*, 1885. — Mickiewicz (L.). La Pologne et ses provinces méridionales. Manuscrit d'un ukrainien. *Dentu*, 1863, in-8. — Ritt (O.). Histoire de l'isthme de Suez. *Hachette*, 1869, in-8. — Saulcy (F. de). Souvenirs d'un voyage en Terre-Sainte. *Librairie du Petit Journal*, 1867. — Siegfried (J.). Seize mois autour du monde, 1867-1869 et particulièrement aux Indes, en Chine et au Japon. *Hetzel*, 1869.

SECOND EMPIRE
GUERRE DE 1870-1871
COMMUNE

645. ARMÉE DU RHIN et siège de Strasbourg. 7 vol. in-12 et in-8. brochés.

Journal d'un officier de l'armée du Rhin, par Ch. Fay. *Bruxelles, Muquardt*, 1871, in-8. — Documents relatifs au siège de Strasbourg, publiés par le général Ulrich. *Dentu*, 1872, in-8. — La guerre de 1870. Détails et incidents recueillis sur les champs de bataille par le comte de la Chapelle. *Londres, Ruelens*, 1871. — Lettres sur le bombardement de Strasbourg en 1870, par un témoin oculaire. *Tours, Mame*, 1870. — La campagne de 1870 jusqu'au 1er septembre, par un officier de l'armée du Rhin. *Bruxelles, Rozey*, s. d.

646. CAPITULATION DE METZ et procès de Bazaine. 20 vol. in-8 et in-12, br.

L'Armée française à Metz, par le comte de La Tour du Pin-Chambly. *Amyot*, 1871, in-12. — Metz, 1870. Notes et souvenirs, par E.-A. Spoll. *Lemerre*, 1873, in-12. — La légende de Metz, par le comte d'Hérisson. *Ollendorff*, 1888. — L'Armée du Rhin depuis le 12 avril jusqu'au 29 octobre 1870, par le maréchal Bazaine. *H. Plon*, 1872, in-8. — Fallot. Le maréchal Bazaine jugé par un général prussien et par un officier français fait prisonnier de guerre à Metz. *Dentu*, 1871. — Episodes de la guerre de 1870 et le blocus de Metz, par l'ex-maréchal Bazaine. *Madrid*, 1883. — Capitulation de Metz. Rapport officiel du maréchal Bazaine. *Lyon*, 1871. — La défense de Metz et la lutte à outrance, par Rossel. Etc., etc.

647. COMMUNE de 1871 (Ouvrages relatifs à la). 12 vol. in-12 et in-8, br.

Castagnary. Gustave Courbet et la colonne Vendôme. *Dentu*, 1883.

— Guasco (Ch.). Le président Bonjean, otage de la Commune. *Sagnier*, 1871. — Jezierski (L.). Bataille des sept jours (21-28 mai 1871). *Garnier*, 1871. — Lacroix (J.). L'Année infâme. *Jouaust*, 1872. — L'armée de Versailles, depuis sa formation jusqu'à la complète pacification de Paris, par le maréchal de Mac-Mahon. *Ghio*, 1871. — Le gouvernement de Bordeaux, par le comte de Montferrier. *Dentu*, 1872. Etc., etc.

648. DELORD (Taxile). Histoire du second Empire. *Paris, Germer Baillière*, 1869-1875, 6 vol. in-8, br.

649. CONEGLIANO (Duc de). Le Second Empire. La Maison de l'Empereur. Préface de Frédéric Masson. Avec 14 héliogravures d'après les documents de l'époque. *Paris, Calmann Lévy*, 1897, gr. in-8, broché.

65o. DRÉOLLES (E.). La journée du 4 septembre au Corps législatif. Souvenirs politiques. *Amyot*, 1871. — Bouscatel (Ed.). L'Impératrice et le quatre septembre. *Id.*, 1872. — Texier (Ed.). Vingt mois de présidence. *Hetzel*, 1872, in-8. — Glais-Bizoin. Dictature de cinq mois. Mémoires. *Dentu*, 1873. — Ens. 4 vol. in-12 et in-8, br.

651. DU CAMP (Maxime). Les Convulsions de Paris. *Paris, Hachette*, 1878-1880, 4 vol. in-8, brochés.

ÉDITION ORIGINALE.

652. DUCROT (Général). La Défense de Paris (1870-1871). Accompagné de 128 cartes en couleur. *Paris, Dentu*, 1875-1878, 4 vol. in-8, br.

Sans l'*Atlas*.

653. FAVRE (Jules). Gouvernement de la Défense nationale du 3o juin 1870 au 22 juillet 1871. *Plon*, 1871-75, 3 vol. — Kératry (Comte E. de). Le 4 septembre et le gouvernement de la Défense nationale. *Lacroix*, 1872. — Ens. 4 vol. in-8, br.

654. GUERRE DE 1870-1871. 4 vol. in-8 et in-12, br.

La guerre en Province pendant le siège de Paris. Précis historique par Ch. de Freycinet. *Michel Lévy*, 1871. — Campagne de 1870-1871. Orléans, par le général Martin des Pallières. *Plon*, 1872. — La première armée de la Loire, par le général d'Aurelle de Paladines. *Id.*, 1872. — La bataille du Mans. Les mobilisés de la Bretagne, par Ch. Mengin. *Nantes, Etiembre*, 1872, in-12.

655. GUERRE DE 1870-1871. 11 vol. in-12, br.

Cathelineau (Général). Le corps Cathelineau pendant la guerre (1870-1871). *Amyot*, 1871, 2 vol. — Delmas (Em.). De Frœschwiller à Paris. Notes prises sur les champs de bataille. *Lemerre*, 1871. — Delpit (A.). L'Invasion, 1870-1871. *Lachaud*, 1871. — Giraudeau

(F.). La vérité sur la campagne de 1870. *Amyot,* 1871. — Michelet (J.). La France devant l'Europe. *Florence,* 1871. — Pontmartin (A. de). Lettres d'un intercepté. *Hachette,* 1871. — Saint-Genest. Lettres d'un soldat. Fræschwiller. 4 septembre. Campagne d'Orléans, etc. *Dentu,* 1873. — Sand (G.). Journal d'un voyageur pendant la guerre. *Michel Lévy,* 1871. — Trochu. Pour la vérité et pour la justice. Pétition à l'Assemblée Nationale. *J. Hetzel, s. d.* — Trochu et Palikao. Discours du général Trochu. *Jouaust,* 1871.

656. GUERRE DE 1870-1871. 16 vol. et broch. in-8 et in-12, br. et rel.

Campagne 1870-71. Quelques souvenirs et appréciations, par un ex-officier d'infanterie. *Amyot,* 1871. — Le général de Wimpffen. Réponse au général Ducrot par un officier supérieur. *Lacroix,* 1871. — Campagne de l'armée du Nord en 1870-1871, par le général de Faidherbe. *Dentu,* 1871. — Opérations et marches du 5e corps jusqu'au 31 août, par le général de Failly. *Bruxelles, s. d.* — Marchal (Le Père), Espoir ! *Lyon,* 1871. — Des causes qui ont amené nos désastres en 1870. *Bruxelles,* 1871, *s. d.* — Les manifestes du comte de Chambord et la presse parisienne. *Jouaust,* in-12. — Etc.

657. JOURNAL OFFICIEL de la République française. 21 mars-24 mai 1871, 64 numéros en 1 vol. gr. in-fol., demi-rel. toile.

Journal de la Commune.

658. NAPOLÉON III (Captivité de). 3 vol. in-12 et in-8, br. et rel.

Souvenirs et notes intimes de Napoléon III à Wilhelmshoehe. *Lacroix,* 1871. — Chislehurst-Tuileries. Souvenirs intimes sur l'Empereur par Évariste Bavoux. *Dentu,* 1873. — Souvenirs de la captivité de Napoléon III, par A. Mels. *P. Dupont,* 1880, gr. in-8, rel. toile.

659. NAPOLÉON III. Considérations politiques et militaires sur la Suisse. *Levavasseur,* 1833, in-8. — Des idées napoléoniennes, par le prince Napoléon-Louis Bonaparte. *Paulin,* 1839. — Analyse de la question des sucres, par le même. *Administration de librairie,* 1842. — Les Bonaparte et leurs œuvres littéraires. Essai historique et bibliographique contenant la généalogie de la famille Bonaparte et des recherches sur les sources de l'histoire de Napoléon. *Paris, Daguerre,* 1845, in-8. — Ens. 4 vol. et broch. in-8, br.

660. NAPOLÉON III. Histoire de Jules César. *Paris, Imprimerie impériale,* 1865-1866, 2 vol. pet. in-fol., br.

On y a joint : Observations sur la préface de l'Empereur, par E. Forcade.

661. PARIS BRULÉ. 3 vol. in-12, br.

Enault (L.). Paris brûlé par la Commune. 12 gravures dessinées par L. Breton. *Plon,* 1871. — Guide-recueil de Paris brûlé. Événements de mai 1871. Photographies par Pierre Petit avant et après l'incendie. Plan de Paris colorié. *Dentu*, 1871. — Hans (L.) et Blanc (J.-J.). Guide à travers les ruines. Paris et ses environs. *Lemerre*, 1871.

662. OLLIVIER (Emile). L'Empire libéral. Etudes, récits, souvenirs. *Paris, Garnier frères*, 1895-1905, 10 vol. in-8, brochés.

663. PAPIERS (Les) SAUVÉS DES TUILERIES, suite à la correspondance de la famille impériale, publiés par Robert Halt. *Paris, Dentu*, 1871. — L'Allemagne aux Tuileries, de 1850 à 1870. Collection de documents tirés du cabinet de l'Empereur, recueillis et analysés par Henri Bordier. *Paris, L. Beauvais*, 1872. — Ens. 2 vol. in-8, brochés.

664. PRUSSE (Etudes sur la). 4 vol. in-8 et in-12, br.
BENEDETTI (Comte). Ma mission en Prusse. *H. Plon*, 1871. — GRAMONT (Duc de). La France et la Prusse avant la guerre. *Dentu*, 1872. — QUATREFAGES (A. de). La race prussienne. *Hachette*, 1871, in-12. — STOFFEL (Colonel baron). Rapports militaires écrits de Berlin, 1866-1870. *Garnier*, 1871.

665. ROTHAN (G.). La politique française en 1866. *Paris, Calmann Lévy*, 1879. — L'Allemagne et l'Italie (1870-1871). *Id.*, 1884-1885. — Ens. 3 vol. in-8, brochés.

666. SECOND EMPIRE (Mémoires et ouvrages sur le). 9 vol. in-12 et in-8, br.
Mémoires sur le Second Empire, par M. de Maupas. *Dentu*, 1884-1885 ; 2 vol. — La Province en décembre 1851. Etude historique par Eug. Ténot. *Chez les principaux libraires*, 1865. — Les finances particulières de Napoléon. Avec préface et appendice par A. Lefèvre. *Sagnier*, 1873, in-12. — Un ministère de la guerre de 24 jours (10 août-4 septembre 1870), par le comte de Palikao. *Plon*, 1871. — La Marmora (A. de). Un peu plus de lumière sur les événements de l'année 1866. *Dumaine*, 1874. — Comte de Keratry. L'élévation et la chute de l'empereur Maximilien. *Revue contemporaine*, 1867. — Bocher (Ch). Lettres de Crimée. *Calmann Lévy*, 1877. — Wolff (A.). Les deux empereurs. *Bruxelles*, 1874.

667. SEDAN (Bataille de). 8 vol. in-12 et in-8, br.
BIBESCO (Prince G.). Belfort, Reims, Sedan. Le 7e corps de l'armée du Rhin. *Plon*, 1872. — CLARETIE (J.). Le champ de bataille de Sedan (1er septembre 1870). *Lemerre*, 1871, in-12. — DUCROT (Général). La journée de Sedan. *Dentu*, 1871. — La bataille de Sedan. Napoléon III. de Wimpffen. Ducrot. *Le Chevalier*, 1872, in-12. — FAVRE (Vve J.). La vérité sur le désastre de l'armée de l'Est. *Plon*, 1883. — La Guéronnière (A. de). L'homme de Sedan. *Bruxelles, Lebègue*, 1870. — Lebrun (Général). Guerre de 1870. Bazeilles. Sedan. Avec 2 cartes. *Dentu*, 1884. — Wimpffen (Général de). Sedan. *Lacroix*, 1871.

668. SIÈGE DE PARIS et Commune. 10 vol. in-12 et in-8, brochés.

CLARETIE (Jules). Paris assiégé. Tableaux et souvenirs. Septembre 1870-janvier 1871. *Lemerre, 1871.* — FLOURENS (G.). Paris livré. *Lacroix, 1871.* — LAMBER (Juliette) (Mme Edmond Adam). Le siège de Paris. Journal d'une Parisienne. *Michel Lévy, 1873.* — LA RONCIÈRE-LE NOURY (Baron de). La marine au siège de Paris. *H. Plon, 1872, in-8 et atlas.* — MAILLARD. Histoire des journaux publiés à Paris pendant le siège et sous la Commune. 4 septembre 1870-28 mai 1871. *Dentu, 1871.* — NADAR. Les ballons de 1870, ce qu'on aurait pu faire, ce qu'on a fait. *Chatelain, 1870, pet. in-12.* — RODRIGUES (E.). Blocus de Paris. Opérations militaires de la 2e armée et marches de l'escadron Franchetti. *Dentu, 1872.* — SARCEY (Fr.). Le siège de Paris. Impressions et souvenirs. *Lachaud, 1871.* — Tablettes d'un assiégé (octobre, novembre, décembre 1870). *Tanera, 1871.*

669. THOUVENEL (L.). Le Secret de l'Empereur. Correspondance, confidentielle et inédite, échangée entre M. Thouvenel, le duc de Grammont et le général Comte de Flahault, 1860-1863. *Paris, Calmann Lévy, 1889, 2 vol. in-8, br.*

670. TROCHU (Général). L'Empire et la défense de Paris devant le jury de la Seine. Introduction et conclusion par le général Trochu. *Hetzel, 1872, gr. in-8.* — Œuvres posthumes. I. Le Siège de Paris. II. La Société, l'État, l'Armée. Suivi d'un appendice d'Histoire anecdotique. *Tours, Mame, 1896, 2 vol. in-8.* — Ens. 3 vol., brochés.

671. VALFREY (J.). Histoire de la diplomatie du gouvernement de la Défense nationale. *Paris, Amyot, 1871-72, 3 vol. in-8, brochés.*

672. VINOY (Général). Siège de Paris. Opérations du 13e corps et de la troisième armée. *Paris, H. Plon, 1872, 1 vol. in-8 et atlas in-4, br.* — L'Armistice et la Commune. Opérations de l'armée de Paris et de l'armée de réserve. *Id., 1872, 1 vol. in-8 et atlas in-4, brochés.*

ORDRE DE LA VACATION

CHARTRES. — IMPRIMERIE DURAND, RUE FULBERT.